SingLiesel

Satz: Satz für Satz, Wangen im Allgäu

Druck: FINIDR, s.r.o.
Printed in Czech Republic

ISBN 978-3-944360-27-0

3. Auflage

www.singliesel.de

Bildnachweise:
Blumen: Gizele/Shutterstock.com
Cover-Foto: Africa Studio/Shutterstock.com

Natali Mallek – Annika Schneider

ALLTAGSGESCHICHTEN FÜR ALLE SINNE

INHALT

EINFÜHRUNG

Alltagsgeschichten für alle Sinne bieten speziell im Rahmen der Biografiearbeit mit älteren Menschen eine gute Möglichkeit, Erinnerungen zu wecken und die Senioren zum Erzählen einzuladen. Besonders Menschen mit Demenz können diese impulsgestützten Kurzaktivierungen Wege eröffnen, die sie dazu hinführen, sich an kleine – vielleicht sogar besondere – Momente aus ihrer Vergangenheit zu erinnern.

Dazu wird eine kurze Geschichte vorgelesen, die sich nach Möglichkeit an Erlebnissen aus der persönlichen Biografie der Zuhörenden orientiert. Begleitend werden verschiedene Wahrnehmungsmaterialien bereitgestellt, die das Erinnern an früher unterstützen sollen.Die Wahrnehmungsmaterialien dürfen vor, während und nach dem Vorlesen der Kurzgeschichte gerne angeschaut, in die Hand genommen und ggf. probiert werden. Im Anschluss an die Geschichte ist Zeit für Gespräche.

Einige mögliche Gesprächsthemen haben wir unter jeder Kurzgeschichte aufgelistet. Diese Themen sind aber nur beispielhaft gedacht – sprechen Sie mit den Senioren individuell über das, was sie bewegt und was die Geschichte an Erinnerungen hervorruft …

Viel Freude mit den Alltagsgeschichten für alle Sinne wünschen Ihnen

Natali Mallek und Annika Schneider

EINFACH LECKER, DIESE ERDBEEREN!

Material

Frische Erdbeeren

Kurzgeschichte

Im Sommer habe ich immer meiner Oma bei der Gartenarbeit geholfen. Ich habe das gern getan, vor allem, weil wir uns zwischendurch reichlich mit frischen Erdbeeren belohnt haben! Neben den Himbeersträuchern war ein ganzes Feld mit Erdbeerpflanzen. Im Sommer fand ich dort immer reife Früchtchen. Es war mir, als kämen von Stunde zu Stunde neue rote Erdbeeren dazu.

Wenn wir sie nicht neben dem Unkrautjäten naschten, dann pflückten wir sie in einer großen Schale. Meine Oma schnippelte sie dann klein und zuckerte sie, sodass sie so richtig süß waren. An Feiertagen und Geburtstagen gab es sogar frische Sahne zu den Erdbeeren. Mmh, das war lecker! Wenn ich heute daran denke, läuft mir noch das Wasser im Mund zusammen.

Besonders gut schmeckte mir auch Omas Erdbeerkuchen. Sie backte einen knusprigen Tortenboden, belegte ihn mit Erdbeeren aus dem Garten und träufelte roten Tortenguss darüber. Da ich im Sommer Geburtstag hatte, gehörte es zur guten Tradition, dass meine Oma zum Kaffeetrinken frischen Erdbeerkuchen mitbrachte.

Aus den Erdbeeren, die nicht gleich gegessen wurden, machte meine Oma leckere Erdbeermarmelade.

So hatten wir das ganze Jahr über Freude an den Erdbeeren aus Omas Garten.

Mögliche Themen für anschließende Gespräche

- ▷ Erdbeeren im Garten: die Erdbeerernte
- ▷ Süße Versuchungen: Wer hat früher Erdbeeren aus dem Garten genascht?
- ▷ Rezepte mit Erdbeeren
- ▷ Gartenarbeit im Sommer: Was musste gemacht werden? Welche Aufgaben haben Sie gern erledigt? Welche nicht?
- ▷ Traditionen an Geburtstagsfeiern
- ▷ Beliebte Kuchen im Sommer

OSTEREIER BEMALEN

Material

Bemalte und gefärbte Ostereier

Kurzgeschichte

Ich weiß noch, als wäre es gestern gewesen, mit welcher Freude wir in der Osterwoche dem Ostereier-Bemalen entgegenfieberten. Am Samstag vor Ostern war es dann immer so weit. Meine kleine Schwester, meine beiden Cousins und ich malten die Ostereier immer zusammen an. Meine Tante und meine Mutter schmückten in der Zeit die Wohnung mit Osterschmuck.

Wir vier saßen in der Küche, mit Pinseln und Farben bewaffnet, und warteten ungeduldig auf meinen Vater, der die Palette mit den hart gekochten Eiern brachte. Und dann ging es los. Erst zählten wir die Eier ab und teilten sie dann durch vier, damit auch ja jeder die gleiche Anzahl bemalen durfte. Wir drei Jungs malten unser erstes Ei sorgfältig an. Nach etwa 15 Minuten fing aber in jedem Jahr ein Wettstreit an, wer zuerst alle seiner Eier bemalt hatte. Dementsprechend sahen die Eier hinterher auch aus! Man kann nicht sagen, dass sie nicht schön waren, sie waren eben – bunt.

Meine Schwester hingegen ließ sich von uns Buben nicht aus der Ruhe bringen. Sie bemalte sorgfältig und ganz in Ruhe ein Ei nach dem anderen. Jedes von ihnen sah unterschiedlich aus. Und ehrlicherweise muss ich sagen, dass mir ihre Eier auch immer besonders gut schmeckten!

Während meine kleine Schwester noch die Eier bemalte, liefen meine Cousins und ich zu unserer Oma hinüber. Sie färbte die Eier ganz anders als wir, und wir schauten ihr in jedem Jahr wieder neugierig über die Schulter. Oma tauchte die Eier in buntes Wasser, das komisch nach Essig roch. Und wie durch Zauberei kamen die Eier nach einiger Zeit farbig wieder aus dem Topf heraus. Das Tollste kam aber noch: Omas Eier glänzten im Licht! Und einmal hat sie uns sogar gezeigt, wie sie das anstellt. Sie nahm ein Stück Speckschwarte aus dem Kühlschrank und rieb sie einfach damit ein. An einem grün gefärbten Ei durfte ich es selbst ausprobieren.

Nachdem wir Oma besucht hatten, liefen wir immer zurück und holten meine Schwester ab. Sie war dann auch endlich fertig mit dem Malen. Wir gingen zum Spielen nach draußen, um uns die Zeit zu vertreiben. Am Abend ging es in die Kirche zur Osternacht …

Mögliche Themen für anschließende Gespräche

- ▷ Osterbräuche
- ▷ Eier färben
- ▷ Wettbewerbe unter Kindern
- ▷ Beziehungen unter Geschwistern heute und/oder damals
- ▷ Räumliche Nähe zur Verwandtschaft

ARME-LEUTE-ESSEN

Material

Frische Kräuter
Kartoffeln
Quark
Gewürze

Kurzgeschichte

Beim Essen ist es wie meistens im Leben: Das Einfachste ist oft das Beste. Auch mein Lieblingsessen ist eines der einfachsten Gerichte – Pellkartoffeln mit frischem Kräuterquark. Bei meiner Oma gab es das schon immer. Als Kind war mir nicht bewusst, dass es ein „Arme-Leute-Essen“ war und dass meine Oma das Gericht vielleicht aus der Not heraus so oft gekocht hat. Für mich gab es nichts Besseres! Bei meiner Oma war ich meistens zusammen mit meinen Cousins und Cousinen. Den Kräuterquark haben wir immer selbst angerührt. Dafür gab uns meine Oma die große Schere, damit wir Schnittlauch aus dem Garten holten. Leider hatte meine Oma nur eine Küchenschere. Daher konnte immer nur einer von uns die Schere tragen. Von dem Schnittlauch durfte dann jeder ein paar Halme abschneiden. Wir Kinder haben genau darauf geachtet, dass es gerecht zuging.
Wenn die Kartoffeln aus dem Wasser kamen, konnten ich und meine Cousins und Cousinen es nicht abwarten: Beim Pellen der Kartoffeln haben wir uns regelmäßig die Finger verbrannt. Ich spüre die heiße Kartoffelschale noch heute

auf meiner Haut. Doch wenn die Schale endlich ab war und der Kräuterquark auf den Kartoffeln zerlief, lief mir gleichzeitig das Wasser im Mund zusammen.
Wenn ich heute Pellkartoffeln mit Quark esse, muss ich immer noch an meine Oma denken … Ich esse das Gericht immer noch genau so gern wie früher bei ihr!

Mögliche Themen für anschließende Gespräche

- ▷ Küchenkräuter
- ▷ Kräuterquark herstellen
- ▷ Gerechtigkeitsempfinden von Kindern
- ▷ Besondere Gerichte aus der Kindheit
- ▷ Arme-Leute-Essen

KROKUSSE. MEINE FRÜHLINGSBOTEN

Material

Eine oder mehrere blaue Krokuspflanzen im Topf

Kurzgeschichte

Ich mag den Frühling. Wenn die Tage nach einem langen, kalten Winter langsam wieder heller werden, kann man wunderbar beobachten, wie der Natur nach und nach wieder Leben eingehaucht wird. Früher lag oft im März noch Schnee. Ich weiß noch, wie gerne ich die glitzernden Eiskristalle in der schon frühlingshaften Sonne betrachtete. Es sah wunderschön aus.

Wenn sich die ersten grünen Spitzen der Krokusse durch die dünne Schneedecke schoben, wusste ich, dass der Frühling in greifbarer Nähe war. Es war fast wie ein Wunder, dass diese kleinen blauen Pflänzchen es schafften, sich ihren Weg durch die kalte Schneedecke zu bahnen. Und wie kraftvoll sie aussahen. Bis heute sind Krokusse meine liebsten Frühlingsblumen. Auch wenn mal keine Schneedecke in meinem Garten liegt, sind sie einfach die schönsten Frühlingsboten.

Sie stehen dort immer im Dutzend. Wie eine kleine Krokusfamilie. Meist beginnen ein oder zwei Pflänzchen damit, sich in die Kälte zu wagen. Es scheint so, als wollten sie erst einmal schauen, ob es sich wirklich lohnt, dass sie ihre Köpfchen der Sonne entgegenstrecken. Und dann, innerhalb von einem oder zwei Tagen, steht die ganze Familie dort. Ihre kleinen blauen Blüten wirken wie ein richtiges Farbfeuerwerk in

dem sonst noch verschlafenen Garten. Wenn es so weit ist, dann weiß ich, dass es bis zum Frühlingsbeginn nicht mehr lange dauert. Und ich freue mich.
Ja, ich freue mich sehr auf das, was uns die blauen Krokusse für das neue Jahr ankündigen …

Mögliche Themen für anschließende Gespräche

- ▷ Frühlingsanfang
- ▷ Der verschlafene Garten im Winter
- ▷ Verschiedene Frühlingboten
- ▷ Lieblingsblumen
- ▷ Gartenarbeit im Frühling
- ▷ Schnee – früher und heute

FRISCH AUS DER KAFFEEMÜHLE

Material

Eine Tasse mit frisch aufgebrühtem Kaffee (für jede/-n)
Evtl. ein paar ganze Kaffeebohnen

Kurzgeschichte

Können Sie sich noch an den Duft von frisch aufgebrühtem Kaffee in Ihrer Kindheit erinnern? Ich mochte diesen Duft sehr. Obwohl mir der Geschmack, ehrlich gesagt, früher viel zu bitter war. Dafür sah ich aber umso lieber meiner Großmutter beim Kaffeemahlen zu. Wenn ich wollte, durfte ich die Bohnen in die Kaffeemühle füllen. Das Mahlen übernahm dann aber meine Oma. Ich sah ihr zu und schnupperte dabei an meinen Fingern, die so gut nach den Kaffeebohnen dufteten. Schon während Oma die Kaffeebohnen mahlte, duftete es in der Küche wunderbar nach Kaffee. Wenn sie fertig war, durfte ich die kleine Schublade aus der Kaffeemühle ziehen. Das machte ich ganz vorsichtig, damit auch ja kein Körnchen verloren ging. Oma setzte dann einen Filter auf die Kaffeekanne mit dem Blümchenmuster und brühte den Kaffee mit heißem Wasser auf.
Bei meiner Oma gab es immer Kuchen oder Plätzchen zum Kaffee. Sie hatte stets etwas Süßes da. Während sie ihren frischen Kaffee trank, gab es für mich kalte Milch zum Gebäck. Die schmeckte mir bei Oma immer viel besser als zu Hause. Ich genoss den Kaffeeduft sehr – genauso wie die Zeit bei meiner Oma.

Heute bin ich selbst ein begeisterter Kaffeeliebhaber – ich rieche und schmecke Kaffee gern! Mal trinke ich ihn schwarz, ein anderes Mal mit Milch und Zucker, so wie es mir gerade gefällt. Aber am liebsten mit frisch gemahlenen Bohnen, so wie meine Oma ihn immer gemacht hat. Manchmal nehme ich ihre Kaffeemühle aus dem Schrank und mahle die Bohnen so wie sie früher. Dann schmeckt mir der Kaffee noch einmal so gut …

Mögliche Themen für anschließende Gespräche

- Kaffeebohnen mahlen – früher
- Alte Kaffeemühlen
- Erinnerungen an die Großmutter
- Vorlieben beim Kaffeetrinken
- Rituale beim (gemeinsamen) Kaffeetrinken
- Porzellandekore von früher

MEIN GUT GEFÜLLTER KORB. MARKTTAG

Material

Ein großer Einkaufskorb

Kurzgeschichte

Schon als kleines Kind habe ich die Markttage geliebt. Bei uns in der Stadt war der Markttag immer der Donnerstag. Gemeinsam mit meiner Oma besuchte ich den Markt an jedem Donnerstag. Wenn ich an diese Markttage denke, kommen mir zuerst die vielen Geräusche in den Sinn. Das Knistern der Tüten, die Gespräche der Frauen und das Geschrei der Marktstandbesitzer. Es gab zwei Marktstände, die mir besonders wichtig waren. Der erste Stand, den ich besonders gern mochte, war der Stand vom Gurken-Heinz. Heinz hatte viele Fässer um sich herumstehen, und in diesen Fässern ruhten die herrlichsten Gewürzgurken. Der Gurken-Heinz schenkte mir immer eine extra große Gurke, und ich genoss es, in das saure Gemüse hineinzubeißen. Dabei musste ich immer gut aufpassen, dass der Gewürz-Sud nicht aus der Gurke herausspritzte.

Nach unserem Besuch beim Gurken-Heinz kaufte meine Oma das Obst und Gemüse, das sie zum Kochen benötigte. Der Höhepunkt des Marktbesuches kam zum Schluss, wenn wir zum Bäckerstand gingen. Während sich meine Oma mit Brot und Brötchen eindeckte, bekam ich eine ganz frische, warme, rechteckige Waffel. Schon bei dem Duft der Waffel lief mir das Wasser im Mund zusammen. Und der buttrige,

süße Geschmack der Waffel war das Beste, was ich mir vorstellen konnte. Nach dem Marktbesuch war ich satt und zufrieden.
Leider gibt es in der Stadt, in der ich heute wohne, keinen Gurkenstand auf dem Markt. Doch einen Bäckerstand gibt es. Am Ende meiner Marktbesuche kaufe ich mir immer eine Waffel, und wenn ich sie esse, dann denke ich an früher und an die Marktbesuche mit meiner Oma.

Mögliche Themen für anschließende Gespräche

- ▷ Marktbesuche
- ▷ Gewürzgurken
- ▷ Waffeln
- ▷ Dinge, die man heute nicht mehr so gut bekommt wie früher
- ▷ Rituale mit den Großeltern

SAND UNTER DEN FÜSSEN

Material

Eine Wanne oder große Schüssel mit Sand und Muscheln
Eine große Schüssel mit Wasser

Kurzgeschichte

Als ich noch ein Kind war, fuhren wir in den Sommerferien immer ans Meer. Ich erinnere mich ganz genau, wie sehr ich mich im Voraus auf den Sand und die Wellen freute. Direkt nach unserer Ankunft gingen wir sofort zum Strand. Ich lief vorweg, gerade so weit, dass ich meine Eltern noch sehen konnte. Meine Schwester war immer an meiner Seite. Da sie jünger war, war sie zunächst nicht ganz so schnell wie ich, konnte aber mit den Jahren gut mithalten.

Im Sand angekommen, setzten wir uns hin und zogen unsere Schuhe und die Strümpfe aus. Wir liebten es, den Sand unter unseren Fußsohlen und zwischen den Zehen zu spüren. Meine Schwester steckte ihren Fuß gern tief in den Sand und zog ihn mit einem Mal wieder nach oben, sodass der ganze Sand durch die Luft gewirbelt wurde. Im Nu waren wir von oben bis unten voller Sand – was uns Kindern überhaupt nichts ausmachte. Lediglich unsere Mutter würde uns so nicht ins Haus lassen. Das kümmerte uns aber in diesen Momenten recht wenig.

Wir liefen über den weichen Strand in Richtung Meer, bis wir endlich am Wasser angekommen waren. Das Wasser war kühl, der Sand fest, und dennoch sanken wir mit unseren

Fußsohlen ein. Meine Schwester und ich ließen das Meerwasser unsere Knöchel umspielen. Es kitzelte und erfrischte zugleich. Immer wieder bewegten wir unsere Füße ein kleines bisschen und traten auf der Stelle, um tiefer in den Sand einzusinken. Wenn wir von einer etwas höheren Welle erwischt wurden, kreischten wir und liefen schnell an den trockenen Strand. Unsere Füße waren dann immer weiß gepudert und sahen aus wie paniert. Mit dem Zeigefinger ritzten wir kleine Muster in die Sandschicht auf unserer Haut – und liefen danach doch wieder ins Wasser, um den Sand abzuspülen.

So konnten wir uns den ganzen Tag wunderbar beschäftigen. Wir sammelten Muscheln, schauten uns Quallen an, die an den Strand gespült wurden, stocherten mit Stöcken in herumliegenden Algen herum und bauten Sandburgen. Jedes Jahr war der Urlaub für uns Kinder viel zu kurz. Wir hätten das ganze Jahr hindurch am Strand spielen können. Zum Glück nahmen wir jeder immer einen Eimer mit gesammelten Muscheln mit nach Hause. So konnten wir uns die Wartezeit bis zum nächsten Sommerurlaub verkürzen …

Mögliche Themen für anschließende Gespräche

- ▷ Lieblingsreiseziele für den Sommerurlaub
- ▷ Das Gefühl von Sand und Wasser auf der Haut
- ▷ Sich an Regeln der Eltern halten
- ▷ Große und kleine Geschwister

KARTOFFELSALAT

Material

Frische Kartoffeln (ungeschält)
Gewürzgurken
Ein Ring Fleischwurst

Kurzgeschichte

Wenn ich früher meine Tante besuchte, gab es zum Abendessen immer selbst gemachten Kartoffelsalat mit Würstchen. Das war mein Lieblingsgericht. Jeden ersten Freitag im Monat ging ich nach der Schule zu ihr, weil meine Eltern ihren Kegelabend hatten. Meine Tante passte dann auf mich auf und brachte mich samstags nach dem Frühstück wieder nach Hause. Niemand konnte so gut Kartoffelsalat machen wie meine Tante. Sie schnippelte die Kartoffeln immer in ganz feine, gleich große Stücke. Mit den Gürkchen machte sie es genauso. Das Leckerste war für mich die Fleischwurst, die in den Salat kam. Zu Hause gab es nicht oft Fleischwurst. Meine Tante kaufte aber immer die frische Fleischwurst vom Metzger, die war lecker!

Die Mayonnaise rührte sie immer mit dem Gurkenwasser aus dem Glas an. Dieses Geheimnis erfuhr ich aber erst später, lange rätselte ich über die geheime Zutat in ihrem Kartoffelsalat.

Wir setzten uns zum Kartoffelsalat-Essen immer an den Küchentisch. Ich fand das sehr gemütlich. Ich erzählte meiner Tante von der Schule, von meinen Freunden und davon,

was wir am Wochenende vorhatten. Danach durfte ich immer noch ein bisschen fernsehen und fiel dann, nach dem Zähneputzen, satt und glücklich ins Bett.
Noch heute denke ich jedes Mal, wenn wir Kartoffelsalat essen, an meine Tante. Die Mayonnaise mache ich immer noch nach ihrem Rezept …

Mögliche Themen für anschließende Gespräche

- ▷ Rezepte und Zubereitungsarten von Kartoffelsalat
- ▷ Von wem haben Sie gelernt, Kartoffelsalat zuzubereiten?
- ▷ Familienmitglieder, zu denen die Teilnehmenden ein besonderes Verhältnis hatten/haben
- ▷ Gerichte, die es früher nur zu besonderen Anlässen gab

SCHWEINE BRINGEN GLÜCK

Material

Glücksbringer (zum Beispiel ein Glücksschweinchen aus Stoff oder Plastik, Hufeisen, Glückspfennig, Schornsteinfeger-Figur, vierblättriges Kleeblatt …)

Kurzgeschichte

Meine Oma war eine abergläubische Frau. Kurz vor Silvester bläute sie uns immer ein: „Hängt bloß keine Wäsche zwischen den Jahren auf. Das bringt Unglück!“ Wenn meine Oma eine schwarze Katze sah, dann wechselte sie schon einen halben Kilometer vorher die Straßenseite, und sie verbrachte viel Zeit ihres Lebens damit, auf Holz zu klopfen. Es gab keinen Brunnen in der Stadt, in den meine Oma noch keinen Pfennig geworfen hatte, und wenn sie eine Kleepflanze entdeckte, dann schaute sie immer nach, ob ein Stängel vielleicht vierblättrig war.

Meine Oma war auch der festen Überzeugung, dass kleine Schweine Glück bringen. Daran glaubte sie so sehr, dass sie nie ein Spanferkel anrührte. Den Ferkeln von Bauer Friedhelm brachte sie immer feinsten Zuckermais vorbei. „Merk es dir, Kind“, sagte sie oft zu mir, „kleine Schweine bringen Glück.“

Ich halte eigentlich nicht viel von Aberglauben, aber manche Sachen übernimmt man doch. Ich kann bis heute kein Spanferkel essen, und zwischen den Jahren werde ich ganz bestimmt niemals Wäsche aufhängen.

Mögliche Themen für anschließende Gespräche

- ▷ Oma-Enkel-Beziehungen
- ▷ Aberglaube
- ▷ Glücksbringer
- ▷ Ferkel

DER PLATTGEFAHRENE PFENNIG

Material

Kleine Lokomotive (Modell)
Pfennigstücke/Centstücke

Kurzgeschichte

Als ich ein kleiner Junge war, gab es noch richtige Dampflokomotiven. Wir haben in der Nähe eines kleinen Bahnhofs gewohnt, deswegen hatte ich immer Gelegenheit, mir die unterschiedlichen Züge anzuschauen. Züge haben mich immer sehr fasziniert.
Wir Jungen haben auch ein sehr gefährliches Spiel gespielt. Wir haben immer Pfennige gesammelt. Dann haben wir, kurz bevor ein Zug kam, einen der Pfennige auf die Gleise gelegt. Wenn der Zug darübergefahren war, war der Pfennig ganz platt. Dann waren wir sehr stolz auf unseren plattgefahrenen Pfennig.

Mögliche Themen für anschließende Gespräche

- ▷ Züge heute und früher
- ▷ Gefährliche Kinderspiele
- ▷ Kindheit heute und früher

OMAS PERLENKETTE

Material

Perlenkette

Kurzgeschichte

Meine weiße Perlenkette. Immer wenn ich sie umlege, muss ich an meine Oma denken. Sie hat sie mir vor vielen Jahren geschenkt. Früher hat sie die Kette immer zu ganz besonderen Anlässen getragen. Ich weiß noch, dass ich die Perlenkette als Kind immer bewundert habe. Auch die passenden Ohrringe und das Armband, das ganz locker um ihr Handgelenk lag, haben mich immer fasziniert.

Wenn meine Oma ihre Perlenkette trug, dann wusste ich, dass es ein ganz besonderer Tag war. Sie trug ihre weiße Perlenkette nur an Geburtstagen, an Weihnachten, Ostern und an anderen Familienfesten. Zum Beispiel bei der Taufe meiner Cousine. Nach dem Kaffeetrinken saß ich oft auf ihrem Schoß und bewunderte die hübsche Perlenkette. Ich habe mir jede Perle einzeln angeschaut und sie zwischen meinen Fingerspitzen hin- und hergedreht. Die Perlen waren ganz glatt. Und sie glänzten so schön im Licht …

Meine Mama hat mich damals immer wieder daran erinnert, doch ja vorsichtig mit der Perlenkette zu sein. Aber meine Oma sah das nicht so eng. Sie ließ mich geduldig die Kette bewundern.

In der Woche vor meiner Hochzeit kam sie mich eines Abends besuchen. In der Hand hielt sie das Schmuckkästchen mit ihrem Perlenschmuck – es war für mich! Erst zögerte ich – ein so wertvolles Geschenk konnte ich schließlich nicht so leicht annehmen! Doch dann nahm ich das Kästchen dankbar entgegen. Es war meiner Oma wichtig gewesen, dass ich die Kette bekam. Und von da an habe ich die Kette, die Ohrringe und das elegante Armband zu jedem besonderen Anlass und an jeder Familienfeier getragen. Wenn ich heute über die Perlen streiche, denke ich immer an die vielen kleinen besonderen Momente mit meiner Oma …

Mögliche Themen für anschließende Gespräche

- ▷ Besonderer Schmuck
- ▷ Erinnerungen an Familienfeste
- ▷ Welche Rollen haben Ihre Großeltern in der Familie gespielt?
- ▷ Meine Oma war …
- ▷ Sich schön machen
- ▷ Wichtige und enge Bezugspersonen in der Kindheit

DER ERSTE THEATERBESUCH

Material

Theaterkarte

Kurzgeschichte

Oh ja, Theaterabende waren bei uns etwas ganz Besonderes. Zum einen, weil meine Eltern sich freuten, einen Abend zu zweit zu verbringen, und zum anderen, weil wir Kinder uns freuten, dass unsere Oma uns ins Bett brachte.
Schon am späten Nachmittag machten unsere Eltern sich für das Theater fein. Meine Oma sagte immer: „Sie werfen sich in Schale." Vati zog seinen guten Anzug an. Meine Mutter war meist in einen schicken Rock gehüllt. Dazu trug sie eine farblich passende Bluse. Manchmal zog sie auch ein Kleid an. Überall im Haus duftete es nach dem Rasierwasser meines Vaters und dem Parfüm meiner Mutter. Fein herausgeputzt und mit glänzenden Schuhen machten sie sich auf den Weg. Meist saßen Oma, meine Geschwister und ich dann schon am Abendbrottisch. Bevor sie losfuhren, bat ich meine Mutter immer, sich alles, was sie zu sehen bekam, bis ins kleinste Detail zu merken und es mir am Tag darauf zu erzählen.
Und das tat sie. Sie erzählte mir von der schicken Abendgarderobe der anderen Theaterbesucher. Von den Kleidern der Darstellerinnen und den vielen Lichtern im Theater. Wirklich bis ins kleinste Detail beschrieb sie mir das Bühnenbild, das ich immer sofort nachmalen wollte. Es dauerte, bis ich das erste Mal mit ihnen ins Theater gehen durfte. Ich weiß

noch, dass ich schon am Tag zuvor so aufgeregt war, dass ich kaum einen Bissen essen konnte. Ich zog mein schönstes Kleid an und durfte mir sogar eine kleine schicke Handtasche von meiner Mutter ausleihen. Die vielen Lichter in der Empfangshalle waren überwältigend. Und ich erinnere mich noch ganz genau, dass mein Vater mir in der Pause ein Glas Limonade spendierte. Es war ein großartiger Abend, an den ich noch heute jedes Mal denke, wenn ich ins Theater gehe …

Mögliche Themen für anschließende Gespräche

- ▷ Theaterbesuche – früher und heute
- ▷ Die Eltern gehen aus
- ▷ Erinnerungen an den ersten Theaterbesuch
- ▷ Theaterstücke, die in guter (oder schlechter) Erinnerung geblieben sind
- ▷ Das gab es nur zu besonderen Anlässen (Limonade, Eis, heiße Schokolade …)

EINE ROSE ZUM HOCHZEITSTAG

Material

Eine rote Rose

Kurzgeschichte

Rosen sind meine Lieblingsblumen. Meine Eltern erzählen mir heute noch oft, dass ich als Kind schon ganz vernarrt in diese Blumen war. Von meiner Oma hatte ich gelernt, dass die meisten Rosen im Juni anfangen zu blühen. Also setzte ich mich pünktlich in den ersten Junitagen in den Garten und wartete, dass unsere Rosen anfingen zu blühen.
Meist klappte das natürlich. Und da wir verschiedene Rosen im Garten stehen hatten, blühten diese zu unterschiedlichen Zeiten. Die eine fing sehr früh an, die andere eben ein wenig später. Ich weiß noch, wie weich ihre Blüten waren und wie vorsichtig ich immer darüberstrich, um sie auch ja nicht zu verletzen. Mit der Zeit lernte ich von meinen Eltern, wie ich die vertrockneten Blüten von den Stielen abschneiden musste, damit neue nachkommen konnten. Als ich alt genug war, übernahm ich also die Rosenpflege in unserem Garten. Und es machte mir viel Freude.
Die Zeit verging. Ich heiratete, zog aus, und wir bauten ein Haus. Ich bin sehr froh, dass ich mir den Traum von einem eigenen Rosengarten erfüllen durfte. Sie blühen in den herrlichsten Farben. Wahrlich, ja, es ist viel Arbeit, aber ich mache sie so gerne! Und schließlich habe ich es auch von der Pike auf von meinen Eltern gelernt.

Wer mich jedes Jahr immer wieder aufs Neue überrascht, ist mein Mann. Von ihm bekomme ich zu jedem Hochzeittag einen wunderschönen Blumenstrauß mit dunkelroten Rosen. Und es kommt mir so vor, als würden die Rosen in jedem Jahr immer schöner. Ich genieße ihren Duft sehr. Die Rosen erinnern mich immer daran, wie unbeschwert meine Kindheitstage in unserem Garten waren. Und daran, welch ereignisreiches und schönes Jahr wieder hinter mir und meinem Mann liegt …

Mögliche Themen für anschließende Gespräche

- Rosen im Garten
- Rosenpflege
- Zu welchen Anlässen wurden Rosen geschenkt?
- Die Bedeutung von Blumen in der Kindheit und im Erwachsenenalter
- Hochzeitstage

MUSCHELBOTSCHAFTEN

Material

Muscheln

Kurzgeschichte

Entspannung, das heißt für mich Strand. Strand, das heißt für mich spazieren gehen und Muscheln sammeln. Ich erinnere mich noch gut daran, wie ich mit meiner Schwester und meiner Mutter früher stundenlange Strandspaziergänge unternommen habe. Meine Schwester und ich waren dabei immer mit einem Eimer bewaffnet. Wer findet die meisten Muscheln? Wer findet die schönsten Muscheln? Das waren die beiden Fragen, die wir uns dabei jedes Mal stellten. Die kleinsten Muscheln waren mir am liebsten. Doch von den kleinen Muscheln brauchte man auch am meisten, damit der Eimer voll wurde.

Wie schön es war, den Sand zwischen den Zehen zu spüren und den Wind in den Haaren zu fühlen! Wenn wir nach dem Strandspaziergang wieder zu Hause ankamen, verglichen und sortierten wir unsere Muscheln. Dann fingen wir an zu basteln. Mit den kleinen Muscheln konnte man wunderbare Botschaften schreiben. Wir holten uns große Bögen farbigen Kartons und klebten Botschaften aus Muscheln darauf. Die Muscheln formten die Buchstaben: „Schön, dass es dich gibt!“, schrieben wir, oder: „Für die beste Mama der Welt!“, oder: „Friede, Freude, Glück und Strand“. Unsere Muschelbotschaften verschenkten wir anschließend und verbreiteten

damit viel Freude. Eine dieser Muschelbotschaften hängt bis heute eingerahmt in meiner Küche. Auf dem blauen Karton-Bogen steht mit Muscheln geschrieben: „Wer die Muschel nicht ehrt, ist des Strandes nicht wert!"
Ich ehre die Muschel, und deswegen gehe ich auch heute noch, so oft es meine Zeit erlaubt, am Strand spazieren. Die Spaziergänge werden meistens ein bisschen länger, als ich es vorher plane. Alle paar Meter muss ich mich bücken und eine schöne Muschel aufheben.

Mögliche Themen für anschließende Gespräche

- ▷ Spaziergänge
- ▷ Geschenke von Kindern
- ▷ Muscheln
- ▷ Aktivitäten mit Geschwistern
- ▷ Bastelarbeiten

SONNENBLUMEN AM WEGESRAND

Material

Eine Sonnenblume

Kurzgeschichte

Wenn ich eine Sonnenblume sehe, muss ich immer an die Sommer meiner Jugend denken. Damals trafen wir uns oft auf dem Kirchplatz oder gingen zusammen auf den Feldern spazieren. Wer „wir“ waren? Wir waren eine kleine Gruppe junger Schülerinnen und Schüler, die sich schon im Kindergarten kennengelernt hatten. Gemeinsam besuchten wir danach auch die Schule und verbrachten unsere Freizeit zusammen. Die Sommerzeit war für uns die schönste Zeit. Wir unternahmen viel an der frischen Luft. An den Feldwegen, durch die wir oft spazierten, standen zu dieser Jahreszeit immer große Sonnenblumen. Die Sonnenblumen waren allesamt größer als ich. Aber nicht nur deshalb faszinierten sie mich. Ich mochte den warmen Gelbton ihrer Blütenblätter. Und auch der dunkelbraune Blütenkopf, der manchmal wie Bernstein in der Sonne glitzerte, zog mich in seinen Bann. Ich weiß noch, wie wir mit Getreidehalmen zwischen unseren Fingern am Wegesrand saßen und einfach die Sonne genossen. Wenn wir Hunger hatten, aßen wir die Sonnenblumenkerne aus den kürbisgroßen Blütenköpfen. Es machte Spaß, sie dort Kern für Kern herauszupicken und einzeln zu knabbern. Stundenlang konnten wir uns so die Zeit vertreiben.

Heute blühen in meinem Garten im Sommer viele Sonnenblumen. Große und kleine, dicke und ganz zarte. In jedem Jahr säe ich neue Kerne ein, die dann zu wunderschönen Blumen heranwachsen. Meine Sonnenblumen besuche ich täglich. An lauen Sommerabenden sitzen mein Mann und ich oft auf der Terrasse und genießen die zarten Kerne, die wir wie früher aus den Stempeln picken. Dann denken wir oft an unsere Jugend zurück. Und an damals, als wir frisch verliebt zusammen unter den Sonnenblumen am Wegesrand saßen …

Mögliche Themen für anschließende Gespräche

- ▷ Freizeitgestaltung in der Kindheit und Jugend
- ▷ Sonnenblumen im eigenen Garten
- ▷ Die (erste) Jugendliebe
- ▷ Freunde von früher
- ▷ Erinnerungen an glückliche Sommertage

PFLAUMENMUS KOCHEN. EINE PORTION GEDULD

Material

Ein Schälchen oder ein Einweckglas mit selbst gemachtem Pflaumenmus

Kurzgeschichte

Wenn ich an das selbst gemachte Pflaumenmus meiner Mutter denke, läuft mir heute noch das Wasser im Mund zusammen. In unserem Garten stand ein Pflaumenbaum. Wir ernteten jedes Jahr so viele Pflaumen, dass wir gar nicht anders konnten, als einen Großteil der Pflaumen einzukochen. Meist hatten wir bis zum nächsten Frühjahr von unserem Pflaumenmus zu essen.

Ich weiß noch, dass meine Mutter immer sagte, zum Pflaumenmuskochen brauche man eine gute Portion Geduld. Wir legten die entsteinten Pflaumen meist schon am Vorabend in den großen Topf und gaben etwas Zucker darüber. Ganz sorgfältig versuchte ich, den Zucker mit dem großen Löffel gleichmäßig über alle Pflaumen zu verteilen. Am nächsten Morgen war ich schon in aller Frühe in der Küche und schaute nach, ob die Pflaumen auch Saft gezogen hatten. Pünktlich nach dem Frühstück war es dann so weit. Meine Mutter stellte den Herd an. Ich durfte den Rest des Zuckers zu den Pflaumen geben. Zum Schluss kamen noch etwas Vanillezucker und ein paar Gewürznelken hinein. Und dann hieß es warten …

Fast so wie am Heiligen Abend kurz vor der Bescherung an der Wohnzimmertür, so scharwenzelte ich um den Herd herum. Nach einer gefühlten Ewigkeit öffnete meine Mutter den Deckel. Endlich konnte ich etwas sehen. Ein herrlicher Duft verbreitete sich im Haus. Einige Zeit später durfte ich endlich selbst rühren. Ich rührte und rührte und rührte. Dabei bekam ich richtig Appetit auf ein Brot mit frischem Pflaumenmus. Zu meiner Freude durfte ich, nachdem alle Einweckgläser gefüllt waren, den Topf auskratzen. Das war richtig lecker!

Mögliche Themen für anschließende Gespräche

- ▷ Pflaumenmus selber kochen
- ▷ Wie haben Sie Pflaumenmus am liebsten gegessen?
- ▷ Besondere Familienrezepte
- ▷ Geduld üben in der Kindheit
- ▷ Gemeinsames Einkochen mit der Mutter
- ▷ Obstbäume im eigenen Garten

APFELERNTE. EIN FAMILIENFEST

Material

Mehrere Äpfel

Kurzgeschichte

Meine Großeltern hatten früher einige Apfelbäume in ihrem Garten. Zur Apfelernte im Spätsommer kam die ganze Familie zusammen. Ich weiß noch, dass ich einige meiner Onkel, Tanten und Cousins nur zum jährlichen Apfelpflücken traf – was natürlich dazu führte, dass sich alle viel zu erzählen hatten.

Ich mochte diese Treffen sehr. Bis heute erinnere ich mich daran, wie wir geklönt und gelacht haben und wie leicht uns das Apfelpflücken von der Hand ging. Trotz der guten Laune vergaßen wir alle nie, die Äpfel behutsam in unsere Körbe zu legen, damit sie keine Druckstellen bekamen. Auch passten wir gut auf, dass niemand von der Leiter fiel …

In der Pause gab es belegte Brote, die unsere Oma für alle schmierte. Sie konnte zwar nicht mehr gut die Leitern emporklettern, aber Brote, die schmierte sie wie keine andere. Zum Nachtisch genossen alle die selbst gepflückten Äpfel. Die Schale war glatt und unversehrt. Die meisten der Äpfel waren an einer Seite grün und an der anderen rot. Sie schmeckten einfach herrlich, frisch und leicht säuerlich.

Einen Teil der Äpfel verputzten wir in den darauffolgenden Wochen so – auf dem Weg zur Schule oder für den kleinen Hunger zwischendurch. Von dem Rest backten Oma und meine Mutter Apfelkuchen oder -pfannkuchen, kochten Apfelmus oder bereiteten in der Adventszeit Bratäpfel zu. Bis heute esse ich sehr gerne Äpfel. Einen Baum haben wir auch bei uns im Garten stehen. Und seine Äpfel schmecken fast genauso gut wie die früher im Garten meiner Großeltern …

Mögliche Themen für anschließende Gespräche

- ▷ Eigenes Obst im Garten
- ▷ Apfelernte
- ▷ Beliebte Apfelsorten und was man daraus machen kann
- ▷ Familientreffen
- ▷ Traditionen innerhalb der Familie
- ▷ Der „Generationenvertrag“ – früher und heute. Wer half wem wobei?

KASTANIEN SAMMELN

Material

Kastanien

Kurzgeschichte

Ich mag den Herbst! Schon früher, als ich noch ein Kind war, spürte ich es ganz genau, wenn sich nach den letzten Spätsommertagen der Herbst bereit machte. Die Luft roch frischer, der Wind nahm zu, es wurde kühler, und schon am Nachmittag beim Spielen auf dem Hof wurde es dämmrig. Ich weiß noch, dass meine ältere Schwester es gar nicht schön fand, wenn der Sommer vorbeiging. Sie mochte es nicht, sich warm anzuziehen und gegen den frischen Wind anzulaufen.
Was sie allerdings mochte – und diese Freude teilten wir uns – war, durch tiefes Laub zu wandern und auf den mit Blättern übersäten Wegen Kastanien zu sammeln. Wir nahmen immer zwei Körbe mit: einen für die Kastanien und einen für die schönsten und buntesten Blätter, die wir fanden. Die Blätter legten wir zu Hause gleich zum Trocknen in unsere Bücher – jedes Blatt zwischen zwei Seiten. An den darauffolgenden Tagen beobachteten wir ganz genau, wie sich die Blätter veränderten.
Mit den gesammelten Kastanien bastelten wir wie die Weltmeister. In der Küche standen allerlei Männchen und kleine Igel auf der Fensterbank, und unsere selbst gebastelten Ketten verschenkten wir an unsere Freundinnen, Tanten, unsere beiden Omas und natürlich unsere Mutti. Im Herbst war ich

jeden Tag bei Wind und Wetter draußen. Warm eingepackt, vor Wind und Kälte geschützt, stapfte ich durch das hohe Laub, kickte die Kastanien von einem Ort zum anderen und genoss die frische, leicht modrig riechende Luft.
Noch heute, wenn ich im Herbst einen Gang durch den Park oder den Wald mache, die frische Luft atme und die Blätter betrachte, die sich in der Herbstsonne bewegen, denke ich an diese schöne Zeit in meiner Kindheit zurück …

Mögliche Themen für anschließende Gespräche

- Das mag ich im Herbst, das mag ich nicht …
- Verschiedene Vorlieben für die Jahreszeiten unter Geschwistern oder unter den Kindern
- Freizeitaktivitäten im Herbst
- Erinnerungen an das Kastaniensammeln
- Ideen und Anleitungen für das Kastanienbasteln

HOCH IN DIE LÜFTE

Material

Ein Drachen

Kurzgeschichte

Als ich ungefähr acht Jahre alt war, habe ich das erste Mal einen Drachen steigen lassen. Der Drachen war nicht selbst gebastelt, meine Tante hatte ihn mir zu meinem Geburtstag geschenkt. Mein Drachen war mir gleich ans Herz gewachsen – schon bevor ich ihn das erste Mal steigen ließ. Diese Gelegenheit ließ auf sich warten. Der Grund dafür war, dass mein Vater in dieser Zeit immer sehr spät von der Arbeit nach Hause kam. Meine Mutter war der Ansicht, dass Drachen-steigen-Lassen eine Aufgabe für Väter war. So musste ich bis zum Wochenende warten. Für einen Achtjährigen war das eine sehr lange Zeit, schließlich fiel mein Geburtstag in jenem Jahr auf einen Montag! Endlich kam das Wochenende, und mein Vater und ich gingen direkt nach dem Frühstück mit dem Drachen auf ein nahe gelegenes Feld. Vor Aufregung hatte ich kaum einen Bissen herunterbekommen. Ehrfürchtig lauschte ich den Erklärungen meines Vaters über die Windrichtung und merkte mir genau, wie ich die Schnur halten musste. Dann stieg mein Drachen in die Lüfte. Ich weiß noch genau, wie glücklich ich in diesem Moment war. Später habe ich noch oft mit meinem Vater einen Drachen steigen lassen. Das Glücksgefühl, wenn mein Drachen sich in die Lüfte erhob, erlebte ich jedes Mal.

Mögliche Themen für anschließende Gespräche

- ▷ Drachen steigen lassen
- ▷ Geschenke aus der Kindheit
- ▷ Zeitempfinden als Kind
- ▷ Aufgabenverteilung von Müttern und Vätern
- ▷ Besondere Kindheitserinnerungen

DER NEUE KLOPAPIERHUT

Material

Ein gehäkelter Klopapierhut

Kurzgeschichte

Im Auto meiner Großeltern fuhr hinten auf der Hutablage immer eine Rolle Klopapier mit, versteckt unter einem gehäkelten Klopapierhut. Für uns Kinder gehörte der einfach zum Auto mit dazu, wir kannten es gar nicht anders. Unsere Eltern hatten keinen Klopapierhut im Auto liegen. Dort gab es noch nicht einmal eine Hutablage.
Und so war dieser Klopapierhut auf eine gewisse Art und Weise etwas Besonderes für uns. Meine Oma hatte ihn aus ziemlich dicker Wolle selbst gehäkelt. Die Wolle kratzte ein wenig, wenn ich sie berührte. Und das tat ich gewiss jedes Mal, wenn ich hinten in Opas Auto stieg. Schließlich sah ich den Hut ja nicht so oft. Mein Bruder tat übrigens das Gleiche. Es war wie ein kleines Ritual von uns beiden, beim Einsteigen einmal über den Klopapierhut zu streichen.
Eines Tages war der Klopapierhut zu unserer großen Verwunderung auf einmal weg. Wir schauten ganz schön erstaunt aus der Wäsche, als wir auf die leere Hutablage sahen. Nicht ahnend, warum wir so große Augen machten, schaute Oma in unsere verdutzten Gesichter. Dann fiel es ihr ein: „Ach, ihr beiden sucht den Klopapierhut? Den habe ich in die Waschmaschine gesteckt, das war dringend nötig. Leider ist mir dabei die Wolle eingelaufen. So passt er keinesfalls

mehr auf die Klopapierrolle. Ich häkle aber einen neuen. Vielleicht helft ihr mir, die Wolle dafür auszusuchen?“
Das wollten wir auf jeden Fall. Und so fuhren wir gemeinsam in die Stadt, um neue Wolle zu kaufen. Es dauerte ein wenig, bis mein Bruder, meine Oma und ich uns auf die Farben geeinigt hatten. Mein Opa stand wortlos daneben und wartete. Am Ende waren alle zufrieden. Schon bald stand ein neuer selbst gehäkelter Klopapierhut auf der Hutablage im Auto meiner Großeltern. Und den wusch meine Oma von da an sorgsam mit der Hand …

Mögliche Themen für anschließende Gespräche

- ▷ Klopapierhüte im Auto
- ▷ Häkeln
- ▷ Kleidungsstücke, die beim Waschen eingelaufen sind
- ▷ Wolle, die kratzt
- ▷ Sich innerhalb der Familie auf etwas einigen
- ▷ Ausflüge mit den Großeltern

KARTOFFELN STOPPELN

Benötigtes Material

Kartoffeln

Kurzgeschichte

Früher, als ich noch ein Kind war, habe ich immer mit großer Sehnsucht der Kartoffelernte entgegengefiebert. Dann durften wir Kinder „Kartoffeln stoppeln" gehen.
Kartoffeln stoppeln gehen – das bedeutet, dass wir Kinder jeweils einen Eimer hatten und hinter dem Trecker herliefen. Alle Kartoffeln, die es nicht auf den Trecker schafften, durften wir aufsammeln und behalten. Und es schafften viele nicht auf den Trecker.
Wenn wir Kinder nach dem Kartoffelstoppeln fertig waren, konnten wir die schweren Eimer kaum noch tragen. Aber wir waren so stolz!
Bei uns war es Brauch, dass mein Vater nach einem erfolgreichen „Kartoffelstoppeltag" ein Lagerfeuer im Garten anmachte.
Die Kartoffeln wurden in die heiße Glut gelegt, und nach einer gefühlten Ewigkeit bekamen wir jeder eine der frischen gebackenen, selbstgestoppelten Kartoffeln.
Mir läuft jetzt noch das Wasser im Mund zusammen, wenn ich daran denke. Ich glaube, ich habe nie wieder etwas so Leckeres gegessen!

Mögliche Themen für anschließende Gespräche

- ▷ Kartoffelernte
- ▷ Ernte allgemein
- ▷ Kartoffelgerichte
- ▷ Lagerfeuer
- ▷ Besondere Geschmackserinnerungen aus der Kindheit

GESCHICHTEN AUS DER BIBEL

Material

Eine Bibel

Kurzgeschichte

Bei uns war immer eine Bibel im Haus. Sie stand in unserem Bücherregel, wo jeder sie gut sehen konnte. Bei meiner Oma lag sie sogar auf dem Nachttischchen. Sie las oft zum Einschlafen in der Bibel oder betete einen Psalm.
Ich kannte schon als Kind viele Geschichten aus der Bibel, wusste, wer die Evangelisten waren und kannte alle Wunder, die Jesus vollbracht hatte. In der Kirche hörte ich stets gut zu. Und auch in der Schule lasen wir viel in der Bibel. Aber dann auch noch zu Hause in der Bibel lesen … das war mir damals zu viel des Guten. Meine Oma verstand mich, obwohl sie diejenige in der Familie war, die am häufigsten in die Kirche ging. Meine Oma ging sowohl in den Sonntagsgottesdienst als auch in die Frühmessen unter der Woche. Es war ihr wichtig.
Trotzdem verstand sie, dass mir die Texte der Bibel manchmal langweilig vorkamen. Und so setzte sie sich ab und zu mit mir hin und erzählte mir die Geschichten, die die Evangelisten aufgeschrieben hatten. Ich hörte ihr gern zu. Wenn meine Oma mir die Geschichten erzählte, kam es mir ganz oft vor, als sei sie dabei gewesen. Ihre Bibel lag währenddessen die ganze Zeit neben ihr. Als ich älter wurde, fing ich dann doch an, die Geschichten, die mich interessierten, selbst in

der Bibel nachzulesen. Auch in der Kirche höre ich sie regelmäßig. Und trotzdem habe ich heute noch oft die Erzählungen meiner Oma im Ohr. Und dann höre ich ihr wieder zu, wie sie mir die Worte der Bibel auf ihre ganz eigene Weise näherbringt …

Mögliche Themen für anschließende Gespräche

- ▷ Die Bibel der Familie zu Hause
- ▷ Der Glaube
- ▷ Wie wurde der Glaube in den verschiedenen Generationen gelebt?
- ▷ Erinnerungen an Erzählungen der Oma/des Opas
- ▷ Welche Rolle spielen Glaube bzw. Kirche in Ihrem Leben?

ABGEHEFTET

Material

Ein Ordner

Kurzgeschichte

Als ich ein Kind war, war das Abheften und Ordnen der Papiere Sache des Vaters. Mein Vater hatte dafür ein großes Regal, in dem ein Ordner neben dem anderen stand. Alle Ordner, die wir hatten, waren schwarz und kamen aus der Fabrik der Firma „Mehle". Die Ordnerrücken hatte er sehr ordentlich beschriftet. In akkuraten Buchstaben standen auf den Rücken der Ordner Wörter wie „Strom", „Wohnung" oder „Auto". Jeder Vertrag, jede Rechnung wurde fein säuberlich abgeheftet.
Wenn mein Vater früher eine Überweisung tätigen musste, etwa um eine Rechnung zu begleichen, ging er dafür zur Sparkasse. Oft nahm er mich mit. Es war ihm wichtig, dass ich früh lernte, mit Geld umzugehen. Zu Hause hatte ich eine Spardose, und das Geld, das ich dort sammelte, nahm ich an diesen Tagen mit zur Sparkasse. In der Sparkasse wurde das Geld gezählt, in Rollen verpackt, und der Betrag wurde in mein Sparbuch hineingeschrieben. Nachdem mein Vater seine Überweisungen getätigt hatte, gingen wir nach Hause.
Natürlich wurden auch die Sparbücher in dem Regal mit den Ordnern aufbewahrt. Nach unseren Besuchen bei der Sparkasse durfte ich immer selbst den passenden Ordner heraussuchen. „Sparen" stand auf dem Rücken des Ordners, den

ich dann herauszog. In diesem Ordner waren Trennstreifen, auf denen alle Vornamen unserer Familie standen. Ich suchte meinen eigenen Vornamen heraus und steckte mein Sparbuch in eine extra dafür vorgesehene Klarsichthülle. Als Kind war ich sehr stolz darauf, dass ich das alles ganz allein machen durfte.

Wenn ich heute meine Papiere sortiere, empfinde ich das als langweilig und lästig. Doch wenn ich an meinen Stolz von damals denke, muss ich schmunzeln, und die Arbeit geht mir viel leichter von der Hand.

Mögliche Themen für anschließende Gespräche

- ▷ Büroarbeiten
- ▷ Rechnungen
- ▷ Finanzen
- ▷ Sparkassen
- ▷ Zahlungsverkehr früher und heute

MEINE SCHIEFERTAFEL

Material

Schiefertafel oder Griffel (alternativ auch Stifte)

Kurzgeschichte

Einen Kindergarten habe ich nie besucht, umso mehr freute ich mich, als ich in die Schule kam. Es war eine katholische Mädchenschule. Damals war es noch so, dass evangelische und katholische Kinder getrennt unterrichtet wurden. Die Schule der evangelischen Kinder war direkt nebenan. Manchmal haben wir uns gegenseitig gemeine Dinge zugerufen. Heute weiß ich nicht mehr, warum wir das gemacht haben.

Papierhefte, so wie es sie heute gibt, hatten wir noch nicht. Bei uns hatte jedes Kind eine Schiefertafel. Zu der Schiefertafel gehörte auch ein Griffel. Der Griffel war ebenfalls aus Schiefer und wurde in einem kleinen Griffelkasten aufbewahrt. Der Griffel war mit mehreren Lagen Papier umwickelt, und für mich war es immer ein schönes Gefühl, ihn zum Schreiben aus dem Kasten zu holen.

Der erste Buchstabe, den wir in der Schule lernten, war das große A. Besonders konzentriert war ich beim Aufschreiben dieses ersten Buchstabens. Er eröffnete mir den Zugang in die Welt des Lesens und der Bücher. Deutsch war von Anfang an mein Lieblingsfach und blieb es bis zum Ende der Schulzeit.

Manchmal drückte ich den Griffel zu fest auf, und das Schaben des Griffels auf der Tafel erzeugte ein unschönes Geräusch. Doch ich hatte den Bogen schnell heraus, und bald schrieben meine Finger fast von allein.
Vor einiger Zeit habe ich meine alte Schiefertafel auf dem Dachboden gefunden. Wenn ich sie heute betrachte, sehe ich immer noch die A-s, die ich an meinen ersten Schultagen auf die Tafel schrieb. Natürlich sieht man auch viele andere Buchstaben noch leicht schimmern, die ich im Laufe der Jahre geschrieben habe, doch keine sind so deutlich zu sehen wie die A-s.

Mögliche Themen für anschließende Gespräche

- Schulzeit
- Lieblingsfächer
- Schule früher und heute
- Material für die Schule
- Griffel und Schiefertafel

HEISSE MILCH MIT HONIG

Material

Ein Glas mit flüssigem Honig

Kurzgeschichte

Ich erinnere mich noch ganz genau an die Honigbrote, die meine Oma immer für mich geschmiert hat. Meine Oma meinte es da besonders gut mit mir und bestrich die Graubrot-Scheiben dick mit guter Butter. Darauf ließ sie mit dem Honiglöffel ganz langsam den goldenen Honig fließen. Wenn wir anschließend den Tisch abräumten, durfte ich den Honiglöffel ablecken. Ich weiß noch, dass ich mir den süßen, klebrigen Honig ganz langsam auf der Zunge zergehen ließ. Noch Minuten später hatte ich den typischen Honiggeschmack in meinem Mund.

Meine Oma gab immer ein wenig Honig in ihre Quarkspeise. „Für die leichte Süße", erklärte sie mir einmal. Aber mir als Kind war das nicht süß genug. Ich aß lieber mein Honigbrot. Ebenso gern mochte ich heiße Milch mit Honig. Wenn ich erkältet war und starken Husten hatte, bekam ich von meiner Mutter heiße Milch mit einem Löffel Honig ans Bett gebracht. Das mache ich heute bei meinen eigenen Kindern auch so, denn auch sie mögen Honig sehr gerne.

Wenn ich heute ein Honigbrot für meine eigenen Kinder schmiere und den Honig langsam vom Löffel herunterlaufen lasse, dann denke ich sehr oft an meine Oma. Und wenn ich meinen Kindern eine Tasse heiße Milch mit Honig ans Bett bringe, erinnere ich mich daran, wie gut es sich als Kind anfühlte, umsorgt zu werden. Dieses Gefühl möchte ich meinen Kindern sehr gerne weitergeben …

Mögliche Themen für anschließende Gespräche

- ▷ Beliebte Honigsorten
- ▷ Wie mögen Sie Honig am liebsten?
- ▷ Kleine Rituale, wie z. B. das langsame Abschlecken eines Honiglöffels
- ▷ Erinnerungen an die Kindheit bei der Oma
- ▷ Hausmittel gegen Erkältungen oder andere Beschwerden
- ▷ Welche Hausmittel von früher haben Sie an Ihre eigenen Kinder weitergegeben?

SELBST GESTRICKT

Material

Wolle

Kurzgeschichte

Immer, wenn ich meine Wollsocken anziehe oder mir meinen dicken Wollschal umlege, muss ich an meine Mutter denken. Ich erinnere mich noch ganz genau, wie sie in ihrem Sessel oder auf der Küchenbank saß und in aller Ruhe eine Reihe nach der anderen strickte. Meine Schwester und ich waren meist in ihrer Nähe und spielten gemeinsam auf dem Küchenfußboden oder bereiteten im Wohnzimmer für unsere Puppen Tee vor.

Dabei wurden wir stets durch das gleichmäßige Klacken der Stricknadeln begleitet. Wir hatten uns so an dieses Geräusch gewöhnt, dass es uns gar nicht mehr auffiel. Im Gegenteil, wir wurden erst aufmerksam, wenn das Klicken und Klacken aufhörte.

Dann war es für meine Mutter entweder an der Zeit, das Essen vorzubereiten, weil mein Vater bald nach Hause kommen würde, oder wir Kinder waren einfach zu laut gewesen. Meist reichte ein bestimmender Blick über den Rand des gestrickten Wollteils, und wir Kinder wussten, was meine Mutter sagen wollte.

Wenn ich heute weiche Wolle auf meiner Haut spüre, erinnere ich mich oft an den Moment, in dem ich einen fertig gestrickten Schal oder einen selbst gestrickten Socken das

erste Mal in meinen Händen hielt. Die Wolle war noch ganz glatt und die Maschen in Reih und Glied. Ich weiß noch, dass ich mich immer sehr über die neuen Sachen freute. Meine Mutter bemühte sich immer, Wolle in meiner Lieblingsfarbe zu bekommen. Ich glaube, sie wollte mir damit eine Freude machen, da sie wusste, wie sehr ich es hasste, die Kleidung meiner großen Schwester aufzutragen. Wollmütze, Socken und Schal gehörten aber meist nur mir alleine. Ich hütete die Sachen wie meinen Augapfel!
Vor einiger Zeit habe ich selber angefangen, für meine Kinder zu stricken. Und das fiel mir anfangs nicht ganz leicht. Aber wenn ich jetzt das gleichmäßige Klacken der Stricknadeln höre oder meine Kinder mit einer selbst gestrickten Wolldecke zudecke, denke ich an die gemeinsame Zeit mit meiner Mutter und meiner Schwester zurück. Und das Stricken fällt mir auch von Tag zu Tag leichter …

Mögliche Themen für anschließende Gespräche

- ▷ Persönliche Erinnerungen an selbst gestrickte Sachen
- ▷ Spielen mit den Geschwistern
- ▷ Tätigkeiten und Aufgaben der Mutter
- ▷ Eigene Erfahrungen mit Handarbeiten bzw. dem Stricken
- ▷ Kleidung von älteren Geschwistern auftragen
- ▷ Besondere Geräusche, die aus der Kindheit in Erinnerung geblieben sind

TANNENZAPFEN SAMMELN

Material

Tannenzapfen

Kurzgeschichte

Haben Sie früher auch die Tannenzapfen vom Boden aufgelesen und mit nach Hause genommen? Ich war eine richtige Sammlerin! Ob auf dem Schulweg, beim Sonntagsspaziergang mit meinen Eltern oder beim Spielen im Wald – wenn ich einen schönen Tannenzapfen sah, musste ich ihn einfach mitnehmen. Die dicken Tannenzapfen mit den geöffneten Schuppen gefielen mir besonders gut. Ich mochte die bauchige Form. Wenn ich sie mit meinen Fingern vorsichtig erfühlte, konnte ich spüren, wie rau sie von außen waren. Innen waren sie meist glatter.

Bei den schmaleren Tannenzapfen mochte ich es sehr, von unten bis zur Spitze über die Schuppen zu streichen. Das fühlte sich schön an. Zu Hause haben wir meist mit den Tannenzapfen gebastelt. Ich machte Figuren daraus, kleine Wichtel mit roten Mützchen aus Stoff oder Filz oder Eulen mit Flügeln und großen Augen.

Meine Mutter war nicht immer so begeistert von meiner Sammelleidenschaft. Manchmal murmelte sie leise: „Wo sollen wir mit dem ganzen Zeug denn noch hin …?“ Ich hatte ein wenig Nachsicht, machte einige Tage Pause mit meiner Sammelei und brachte erst dann wieder die verschiedensten Souvenirs aus dem Wald mit nach Hause.

Für die Tannenzapfen allerdings war auch meine Mutter zu begeistern. Sie dekorierte damit Herbstgestecke oder steckte sie in Türkränze. Auch Vasen oder Windlichter bekamen dadurch eine herbstliche Note.
Einmal gingen meine Mutter und ich gemeinsam in den Wald. Wir sammelten fast ein ganzes Einkaufsnetz voll mit Tannenzapfen. Dabei achteten wir sehr darauf, nur die besonders schönen mit nach Hause zu nehmen. Am späten Nachmittag tranken wir heißen Tee und überlegten uns, was wir alles daraus basteln könnten. Fast zwei ganze Nachmittage bastelten wir. In diesem Herbst war unser Haus besonders schön geschmückt …

Mögliche Themen für anschließende Gespräche

- ▷ Tannenzapfen sammeln im Herbst
- ▷ Bastelideen mit Tannenzapfen
- ▷ Wie hat Ihre Mutter das Haus/die Wohnung dekoriert?
- ▷ Sammelleidenschaften in der Kindheit
- ▷ Gemeinsame Zeit mit der Mutter

DIE GUGELHUPFFORM

Material

Eine Gugelhupfform

Kurzgeschichte

Gugelhupf. Wenn ich dieses Wort höre, läuft mir schon das Wasser im Mund zusammen. Dabei meine ich keinen Marmorkuchen, der in einer Gugelhupfform gebacken wurde. Ich meine einen Gugelhupf, so wie ihn meine Tante Gerda früher immer gebacken hat. Einen Gugelhupf aus Hefeteig mit Rumrosinen darin. Die Rosinen hat Tante Gerda schon eine Woche vor dem Backen in Rum eingelegt und in einer kleinen Schüssel auf die Fensterbank in der Küche gestellt. Am Backtag waren aus der Schüssel immer schon einige der eingelegten Rosinen verschwunden, weil wir Kinder davon genascht hatten. Wir probierten die Rosinen und mussten uns dann ganz kräftig schütteln, weil wir den Rumgeschmack nicht mochten. Für uns war es eine Mutprobe. Wenn Tante Gerda am Backtag entdeckte, dass einige der Rosinen fehlten, schimpfte sie mit uns Kindern. Doch sie hatte beim Schimpfen immer ein Zwinkern in den Augen.

Der Hefeteig wurde aus frischer gelber Butter, Mehl, Eiern, Zucker, Hefe und Milch hergestellt, dann musste er gehen.

Zum Gehen deckte Tante Gerda den Hefeteig mit einem Geschirrtuch ab und stellte ihn ins Badezimmer. Das Badezimmer in ihrer Wohnung hatte kein Fenster, und so konnte der Hefeteig dort keinen Zug bekommen. Es dauerte eine

gefühlte Ewigkeit, bis der Teig endlich bereit war, gebacken zu werden. Tante Gerda machte extra ein bisschen mehr Teig, da auch von dem Teig immer etwas in unseren Mündern verschwand, noch bevor er in der Form angekommen war. Sobald der Teig genügend aufgegangen war und sich verdoppelt hatte, durfte er in die große Backform und in den Ofen. Vorher wurden natürlich die Rosinen untergemischt.
Kaum war die Backform im warmen Ofenrohr verschwunden, schon duftete alles nach dem wunderbaren Hefekuchen. Der schönste Moment war der Moment des Stürzens. Ganz langsam glitt der Kuchen aus der Form. Das erste Stück des wunderbaren Gugelhupfes durften wir Kinder noch warm probieren.

Mögliche Themen für anschließende Gespräche

- ▷ Gugelhupf
- ▷ Hefeteig
- ▷ Naschen beim Backen
- ▷ Familienrezepte
- ▷ Backtage

MEINE ERSTE FEINSTRUMPFHOSE

Material

Eine Feinstrumpfhose

Kurzgeschichte

Ich weiß noch ganz genau, wie ich mich fühlte, als ich meine erste Nylon-Strumpfhose trug. Wie alt ich damals war, weiß ich gar nicht mehr genau. Vielleicht war ich siebzehn oder achtzehn Jahre alt. Meine Familie und ich waren zu einer Hochzeit eingeladen, und wir hatten alle unsere schönsten Kleider herausgesucht. Mein Vater trug einen festlichen Anzug, und meine Mutter ein wundervolles blaues elegantes Kleid. Meine Garderobe für die Hochzeit bestand aus einer blauen Bluse und einem Rock, der etwas unterhalb der Knie endete. Dann überreichte mir meine Mutter eine ihrer Nylon-Strumpfhosen. Nylon-Strumpfhosen waren damals noch teuer und etwas ganz Besonderes. Die Strumpfhose hatte zwar eine kleine Laufmasche am Oberschenkel, doch meine Mutter hatte sie mit einem Klecks Nagellack repariert. Dadurch, dass mein Rock die Oberschenkel bedeckte, konnte man die Laufmasche nicht sehen.

Als ich die Strumpfhose anzog, fühlte ich mich sehr erwachsen und elegant. Immer wieder fuhr ich mit der Hand über meine Beine. Es war faszinierend, wie weich und glatt sich die Beine anfühlten. Natürlich passte ich während der Hochzeitsfeier auf wie ein Luchs. Ich musste unbedingt verhindern, dass die Strumpfhose ein zweites Mal beschädigt wurde. Das Aufpassen hat sich gelohnt. Nach der Hochzeit durfte ich die Strumpfhose behalten und konnte sie noch viele Male tragen. Bis heute trage ich gern Feinstrumpfhosen. Sie geben mir ein sehr frauliches Gefühl. Ich liebe das glatte Gefühl an den Beinen, und ich muss jedes Mal an meine erste Feinstrumpfhose denken.

Mögliche Themen für anschließende Gespräche

- ▷ Die erste eigene Feinstrumpfhose
- ▷ Besondere Kleidungsstücke
- ▷ Angemessene Kleidung für Hochzeiten
- ▷ Veränderung von Kleidung in Kindheit und im Erwachsenenalter
- ▷ Tricks, um Kleidung zu reparieren

WIR HATTEN NUR KERNSEIFE

Material

Ein Stück Kernseife

Kurzgeschichte

Wenn ich an das Baden und Waschen in meiner Kindheit denke, dann kann ich ihn förmlich riechen: den Geruch von Kernseife. Badezusätze, Shampoo und Cremes hatten wir damals noch nicht. Zu Beginn, hatten wir nicht einmal ein eigenes Badezimmer. Das Badezimmer war auf dem Flur, außerhalb unserer Wohnung. Deshalb war nur einmal in der Woche Badetag. Bei uns war der Badetag immer der Mittwoch. Gebadet wurde in einer Zinkwanne, die mit warmem Wasser gefüllt wurde. Weil das Wasser extra in einem Heizkessel aufgeheizt werden musste, wurde die Zinkwanne nur einmal gefüllt. Zuerst badete mein Vater, dann meine Mutter und dann wir Kinder. Ich hatte vier Geschwister, war aber zum Glück das älteste Kind. So durfte ich immer direkt nach meiner Mutter in die Wanne steigen, und das Wasser war noch relativ sauber.

Später zogen wird um und hatten ein eigenes Badezimmer, in dem es sogar einen Gasboiler gab. Das war der reinste Luxus. Die Kernseife blieb aber noch eine ganze Weile ein wichtiger Teil des Baderituals. Zum Waschen der Haare wurde mehrmals mit der Seife über den Kopf gestrichen. Dann, und das hat mir als Kind besonders viel Spaß gemacht, wurde die Seife mit den Fingern aufgeschäumt.

Man musste gut aufpassen, dass man nicht zu viel Seife nahm, denn Kernseife ist sehr ergiebig. Schnell hatte man viel zu viel Schaum auf dem Kopf.
Irgendwann gab es die erste Palmolive-Seife zu kaufen, und die Kernseife verschwand aus unserem Badezimmer. Wenn ich heute im Supermarkt oder in der Drogerie stehe, muss ich staunen, wie viele verschiedene Seifen, Lotionen, Shampoos und Duschgels es mittlerweile gibt. Man kann sich gar nicht entscheiden, was man nehmen soll. Dann sehne ich mich manchmal nach einem einfachen und doch nützlichen Stück Kernseife zurück.

Mögliche Themen für anschließende Gespräche

- Kernseife
- Körperpflege früher und heute
- Badegewohnheiten in der Kindheit
- Produkte für die Körperpflege
- Badezimmer in der zeitlichen Entwicklung

KEGELABEND

Material

Kegel

Kurzgeschichte

Jeden dritten Samstag im Monat treffen wir uns im „Wilden Ochsen“ zum Kegeln. Das ist schon seit Jahrzehnten so. Den „Wilden Ochsen“ haben wir uns als Ort für unsere Treffen ausgesucht, weil es dort die besten Schnitzel gibt und weil es sich gut gestärkt viel besser kegeln lässt. Wir sind zu acht und kennen uns schon seit der Schulzeit. Als wir dir Schule beendet hatten, brach der Kontakt für eine Weile ab. Weil wir das schade fanden, gründeten wir unseren kleinen Kegel-Club. Ein richtiger „Club“ oder Verein sind wir eigentlich gar nicht. Uns geht es mehr um das Zusammensein als um den sportlichen Erfolg.

An den Samstagen, an denen wir uns treffen, geht es um sechs Uhr abends los. Dann setzen wir uns an der Kegelbahn zusammen, und jeder bestellt sich erst einmal ein leckeres Schnitzel und natürlich ein Bier. Wenn alle aufgegessen haben, fangen wir an zu kegeln. Um zu bestimmen, wer beginnt, zieht jeder eine Karte. Die Zahl auf der Karte bestimmt die Reihenfolge an diesem Kegelabend. In der ersten Runde hat jeder „5 Wurf in die Vollen“. Das bedeutet, dass jeder fünfmal in die vollständig aufgestellten Kegel werfen darf. Die umgefallenen Kegel werden addiert und aufgeschrieben. Gewonnen hat, wer insgesamt die meisten Kegel umge-

schmissen hat. In der zweiten Runde spielen wir „4 Wurf ins Abräumen“. Das bedeutet, dass jeder mit vier Würfen versucht, so viele Kegel wie möglich umzuschmeißen. Die Kegel werden zwischendurch nicht wieder aufgebaut. In der letzten Kegelrunde spielen wir immer andere Kegelspiele. Welches Kegelspiel wir auswählen, entscheiden wir nach Lust und Laune.
Bei den Kegelabenden ist es immer sehr lustig. Es wird viel erzählt. Es wird viel gelacht, und es wird immer das eine oder andere Bier getrunken. Ich bin sehr froh, dass wir die Kegelabende damals ins Leben gerufen haben.

Mögliche Themen für anschließende Gespräche

- ▷ Kegeln
- ▷ Speisen
- ▷ Spiele
- ▷ Clubs und Vereine
- ▷ Schulfreunde

KOHLSUPPE. DIE ZEITEN ÄNDERN SICH

Material

Ein Kohlkopf

Kurzgeschichte

Als Kind mochte ich Kohlsuppe gar nicht gerne. Wenn ich nach der Schule nach Hause kam und im Treppenhaus diesen ganz bestimmten Geruch wahrnahm, dann wusste ich immer schon Bescheid. Kaum stieg mir der penetrante Kohlgeruch in die Nase, hatte ich es plötzlich gar nicht mehr eilig. Ganz, ganz langsam, ließ ich die Haustür ins Schloss fallen und schaute ihr in Seelenruhe dabei zu. Dann stieg ich die Treppenstufen im Schneckentempo hinauf. Während ich sonst immer eilig mehrere Stufen auf einmal nahm, ließ ich mir an den Kohlsuppentagen Zeit. Doch ich konnte so langsam machen, wie ich wollte, irgendwann kam ich oben an.

Meine Mutter stand dann mit ihrer Schürze am Herd und rührte in einem großen Topf. „Schön, dass du da bist!", sagte sie und stellte den Topf auf den Tisch, an dem auch schon meine Geschwister Platz genommen hatten. Dann bekam jeder von uns einen Teller mit Kohlsuppe. Meine Mutter schnitt immer Mettwürstchen in die Suppe hinein. Das war das Einzige, was ich an der Suppe mochte. Dementsprechend aß ich die Mettwürstchen auch als Erstes auf. Nach den Mettwürstchen aß ich die Kartoffeln. Die schmeckten mir zwar nicht besonders gut, aber ich hatte auch keine Abneigung dagegen. Nach und nach waren meine Geschwister fertig mit dem Mittagessen und durften spielen gehen. Nur ich nicht. Ich musste sitzen bleiben, bis ich mir den Rest der Suppe hineingezwängt hatte. Endlos zog sich die Zeit am Tisch. Doch schließlich hatte auch ich es geschafft und meine Suppe aufgegessen.

Als ich erwachsen war, habe ich lange Jahre keine Kohlsuppe mehr gegessen. Irgendwann habe ich aber wieder davon probiert. Und was soll ich sagen? Sie hat himmlisch geschmeckt! So kann sich der Geschmack verändern!

Mögliche Themen für anschließende Gespräche

- ▷ Kohl und Kohlsorten
- ▷ Geschmacksvorlieben von Kindern
- ▷ Wie sich Geschmack verändern kann
- ▷ Rituale rund ums Mittagessen
- ▷ Erziehung und Essen

AUS KRATZIGER WOLLE. MÜTZE, SCHAL UND HANDSCHUHE

Material

Mütze, Schal und Handschuhe aus Wolle

Kurzgeschichte

Ich bin das vierte von fünf Kindern. Darüber möchte ich mich auch gar nicht beschweren. Ich fand es immer sehr schön, mit vielen Geschwistern aufzuwachsen. Nur eine Sache mochte ich gar nicht. Nie bekam ich neue Kleidung zum Anziehen. Ich musste immer die alte Kleidung von meinen Geschwistern auftragen. Da die Sachen schon drei Kinder vor mir getragen hatten, sahen sie oft schon abgetragen aus. Am schlimmsten war es bei den Mützen, den Schals und den Handschuhen. Diese hatte meine Mutter irgendwann einmal mit viel Liebe gestrickt. Vielleicht waren die Mützen, Schals und Handschuhe auch einmal weich und kuschelig gewesen, als sie neu waren. Wenn ich sie bekam, waren sie das nicht mehr. Wie habe ich es verabscheut, mir einen kratzigen Schal um den Hals zu legen! Lieber hätte ich ganz darauf verzichtet. Doch das durfte ich nicht. Jeden Morgen musste ich die alten Wollsachen anziehen.

Als ich später in die Schule kam, war ich schon ein bisschen schlauer. Ich zog Mütze, Schal und Handschuhe morgens an, ohne zu murren. Bestimmt dachte meine Mutter, ich sei vernünftig geworden. Ich trug sie allerdings nur bis zur nächsten Straßenecke. Dort zog ich die kratzenden Wollsachen aus und versteckte sie in meinem Schulranzen. Auf dem Nachhauseweg zog ich die Sachen an derselben Straßenecke wieder an. Meine Mutter hat nie etwas davon bemerkt. Schon damals habe ich mir geschworen, meine Kinder nie zu zwingen, etwas anzuziehen, was sie nicht wollen.

Bis heute trage ich nicht gern Wollsachen. Aber ich habe mir vorgenommen, mir für den kommenden Winter einen ganz weichen Schal aus reinem Kaschmir zu kaufen.

Mögliche Themen für anschließende Gespräche

- ▷ Wollsachen
- ▷ Winterkleidung
- ▷ Kleidung weitervererben
- ▷ Kratzige Kleidung
- ▷ Freiheiten für Kinder

VÖGEL FÜTTERN. EINE KLEINE MEISE

Material

Vogelfutter

Kurzgeschichte

Wenn die kalte Jahreszeit angebrochen ist, finden die Vögel aus der Nachbarschaft ein kleines Vogelparadies in meinem Garten. Aus ein paar Brettern und ein paar Schrauben habe ich ein Vogelhaus zusammengezimmert. In den Bäumen und an den Sträuchern habe ich Meisenknödel und Futterglocken aufgehängt. Die Meisenknödel habe ich alle selbst gemacht. Das habe ich von meiner Mutter gelernt.

Schon als ich klein war, brachte sie mir bei, dass wir nicht nur auf uns und andere Menschen, sondern auch auf die Vögel achtgeben müssen. Sie hat sich vom Metzger immer eine große Portion Rindertalg geben lassen. Der Rindertalg wurde zu Hause in dem Topf mit den braunen Griffen und dem Blümchenmuster geschmolzen. Meine Mutter gab acht darauf, dass das schmelzende Fett nicht zu heiß wurde. Passierte es doch einmal, stank die ganze Küche danach. Meine Aufgabe war es, die Körnermischung in das geschmolzene Fett zu geben. Es durften nicht zu viele Körner werden, sonst konnte man die Fettmasse hinterher nicht mehr richtig formen. Das Formen der Meisenknödel bereitete mir viel Freude. In jeden Meisenknödel steckten wir ein Stück Seil. An diesem Seil wurden die Meisenknödel dann im Garten aufgehängt.

Genauso, wie ich es früher gemeinsam mit meiner Mutter machte, so mache ich es bis heute. Im Winter freue ich mich dann über die vielen Vögel, die den Weg in meinen Garten finden und sich bei mir satt essen. In diesem Jahr fühlt sich eine kleine Kohlmeise besonders wohl bei mir.
Jeden Morgen, wenn ich die Rollos hochziehe, sehe ich sie an einem der Meisenknödel hängen. Für mich ist das der schönste Start in den Tag.

Mögliche Themen für anschließende Gespräche

- ▷ Tiere im Winter
- ▷ Vögel füttern
- ▷ Hilfen für Tiere selber machen
- ▷ Vogelarten
- ▷ Gewohnheiten, die man von den Eltern übernimmt

DAS JESUSKIND IN DER FUTTERKRIPPE

Material

Krippenfiguren

Kurzgeschichte

Die Krippe wurde bei uns früher immer schon vor Weihnachten aufgestellt, am ersten Advent. Die Krippe selbst bestand aus Ästen und Moos. Ein Esel und ein Ochse wohnten darin, sonst war sie leer. Am zweiten Advent zogen Maria und Josef in die Krippe ein. Am dritten Advent wurde die kleine Futterkrippe, in der das Jesus-Kind einmal liegen sollte, aufgestellt. Am vierten Advent steckte meine Mutter einen hellen gelben Stern auf das Dach der Krippe. Maria, Josef und der kleine Jesus zogen erst am Heiligen Abend ein. Wenn wir Kinder die gute Stube betreten durften, hatte ich zunächst gar keine Augen für die Geschenke. Für mich war am wichtigsten, dass das Jesuskind in der Futterkrippe lag. Auch die drei Weisen aus dem Morgenland, ein Engel und die Hirten nahmen am Heiligen Abend ihren Platz an der Krippe ein.

Mögliche Themen für anschließende Gespräche

- ▷ Krippe und Krippenfiguren
- ▷ Weihnachtliche Kindheitserinnerungen
- ▷ Weihnachtsbräuche
- ▷ Die Weihnachtsgeschichte

DER WEIHNACHTSBAUMSCHMUCK

Material

Strohsterne

Kurzgeschichte

Auch in diesem Jahr werde ich wieder unseren Tannenbaum schmücken. Unser Schmuck für den Tannenbaum ist allerdings sehr altmodisch. Er besteht aus selbst gebackenen Plätzchen, die ich mit einem Faden an den Zweigen befestige, und aus Strohsternen. Die Strohsterne sind mir besonders wichtig. Meine Großmutter hat sie in mühevoller Handarbeit selbst hergestellt.
Schon in meiner Kindheit war unser Tannenbaum immer mit Strohsternen geschmückt. Ich erinnere mich noch genau daran, wie es war, am Heiligen Abend in die festlich geschmückte Stube zu treten. Am Weihnachtsbaum hingen auch damals schon selbst gebackene Plätzchen und die Strohsterne. Vor der Bescherung las unser Vater die Geschichte von der Geburt Jesu aus der Bibel vor. Während er las, betrachtete ich die langsam hin- und herschwingenden Sterne. Noch heute ist der Stern von Bethlehem, der die Weisen aus dem Morgenland zur Krippe führte, in meinen Gedanken immer ein Strohstern.
Wenn ich die Strohsterne meiner Großmutter heute in den Händen halte, fühle ich mich in die Zeit meiner Kindheit zurückversetzt. Für einen kurzen Augenblick ist es so, als ob die Zeit stehen geblieben wäre.

Worauf ich mich auch heute noch besonders freue, ist das „Plündern" des Weihnachtsbaums. Am ersten Weihnachtsfeiertag dürfen die Plätzchen, die vorher als Schmuck dienten, gegessen werden. Am zweiten Weihnachtsfeiertag ist unser Tannenbaum dann nur noch mit Strohsternen geschmückt.

Mögliche Themen für anschließende Gespräche

- ▷ Wer besorgt bei Ihnen den Tannenbaum? Woher?
- ▷ Den Tannenbaum schmücken
- ▷ Weihnachtliche Bastelarbeiten
- ▷ Den Tannenbaum „plündern"
- ▷ Weihnachten und Familie